Christian Penz (Hg.)

LECK FETT'N

So keppln die Steirer

Illustriert vo

Christian Penz (Hg.)

LECK FETT'N
So keppln die Steirer

Wortschatz der steirischen Mundart

Illustriert
von
Alfred Lobnik

IMPRESSUM:

Schönaugasse 64, 8010 Graz

Internet: www.kleinezeitung.at

Umschlagbild: Alfred Lobnik
Autorenfoto: Helmut Lunghammer
Umschlaggestaltung, Layout und Produktion:
Andrea Malek, malanda-Buchdesign, Graz
Druck und Bindung: Printed in Europe
ISBN 978-3-902819-41-3

Vorwort

Was haben Hund und Herrchen in der Steiermark gemeinsam? Beide bölln (bellen)!
Es wäre zu einfach, den steirischen Dialekt auf diesen kleinsten gemeinsamen Nenner zu bringen. Viel zu unterschiedlich, zu vielfältig sind die Ausprägungen unserer Mundart. Fest steht: Das Steirische gehört zum Bairischen, genau genommen liegt unser Bundesland im östlichen Überschneidungsgebiet süd- und mittelbairischer Lautungen. Wesentliche Einflüsse auf die Sprache der Steirerleut' kamen zudem von den Slawen.

Wie soll ein deutscher Urlauber einen Steirer verstehen, wenn schon ein Ausseer zwei Mal hinhören muss, um einen Feldbacher zu verstehen? Die Erklärung ist die differenzierte regionale Ausformung zwischen Ennstal und Vulkanland: Die Dialekte der West- und vor allem Oststeiermark zeichnen sich etwa durch die Diphthongierung nahezu aller betonten Vokale aus – umgangssprachlich charmant als „bölln" (bellen) bezeichnet. Dabei wird vor allem das o zusammen mit u verwendet („ould" = alt).

„Ist unser Steirisch noch zu retten?", fragte die *Kleine Zeitung* jüngst. Just, als Sprachexperten Alarm schlugen und erklärten, das deutsche Deutsch überrolle unseren Sprachraum und der Dialekt verschwinde zunehmend, sprangen unsere Leser in die Bresche. Aus allen Winkeln der Steiermark wurden uns stoasteirische Wörter und vergessene Redewendungen gemeldet. Wer, wenn nicht die Steirer selbst, können den Dialekt hoch halten? Ihn hegen und pflegen? Ihn, als Identitätsstifter, an die nächsten Generationen weitergeben? Das ist dank Tausender „Wortspender" gelungen. Das vorliegende Buch, in dem sich viele dieser Mundart- und Dialektwörter wiederfinden, soll ein kleiner Beitrag zum Kulturgut „Steirisch" sein.

Soll man Dialektwörter so schreiben, wie sie klingen, also den akustischen Eindruck wiedergeben? Oder soll man sie so schreiben, dass man den Wortstamm, gewissermaßen die Stammesherkunft des Wortes, erkennt? Nach Rücksprache mit Experten sind wir zum Schluss gekommen: Es gibt keine verbindliche Schreibung – alles ist möglich. Nur beim Lesen, da muss sich der Laut erschließen. Nehmen wir das Beispiel Graben: „Grom" wäre rein akustisch. „Grobn" verrät die Verwandtschaft mit Graben. Und die Schreibung „Grob'n" weist darauf hin, dass da auch noch ein „e“ von Graben ausgefallen ist. Übrigens: Die Grenzen zwischen den Buchstaben B und P und zwischen D und T verschwimmen im grün-weißen Dialekt – um unnötige Doppelnennungen auszuschließen, finden sie etwa die Ohrfeige nur ein Mal unter „Tetschn“ (könnte man auch „Detschn“ schreiben).

P.S. „Leck Fett’n!“ erhebt keinen Anspruch auf Vollständigkeit. Deswegen bietet Ihnen das Buch auch Platz zur Selbstverwirklichung, falls Ihnen ein neues altes Wort einfällt. Sollten Sie Ihre Beiträge mit dem Rest der Steiermark teilen wollen, würden wir uns freuen, wenn Sie uns Ihre Entdeckung mitteilen (siehe S. 158).

Nun aber viel Vergnügen bei der sprachlichen Rundreise zwischen Kikritzpotschn und Loundschba. Und: Achtung bitte vor dem Hiahnaboggerl und der Soachwumsn!

Christian Penz

A wie ausbatzln

a wengerl	=	nur ein bisschen
Aan	=	Egge
Abuat	=	Plumpsklo
aframol	=	auf einmal, plötzlich
Ahnl	=	Großvater, Vorfahre, Ahne

aimstla = während

akrad = gerade jetzt

Al = Eile

ament = vielleicht

an gned hobm = es eilig haben

angriahrt = beleidigt

aniada = jeder, jeglicher

antacken = anspritzen

aouschick = talentiert

Apfelbutzn = Kerngehäuse des Apfels

aufdunnern = sich übermäßig schminken

aufentleit = aufgetaut

auffi = hinauf

aufhussn = aufhetzen

Aufla = Efeu

auflaitn = jemanden anrufen

aufpeckn = aufklopfen (z. B. ein Ei)

aufpudln = sich aufregen

auhabi sei = aufdringlich sein

auhiasln = anmalen

Aumba = Gusto haben

Die Labm is zan aussireim!

Das Vorhaus ist mit dem Schrubber zu reinigen.

Hilda Gesslbauer, Ratten

aummaleckig	=	auf etwas Gusto haben
Aumpa, Amper	=	Eimer
aundascht	=	anders
ausbatzln	=	Kürbis entkernen
ausbolgn, ausbolln	=	Wäsche auswringen

**Auf 'n Irchta oder Pfingsta,
wann i dawal hob,
trog i a Vurdvurderfadl houm.**

Am Dienstag oder Donnerstag, wenn ich Zeit
habe, trage ich ein kleines Schwein
zum Weiterfüttern nach Hause.

Alois Lechner, Straden

ausfratschln	=	Leute befragen, ausfragen
ausg'fuchst	=	trickreich
auskifln	=	Erbsen/Bohnen aus ihrer Hülse lösen
ausleichn	=	ausborgen
auslossn	=	durch Erhitzen zum Schmelzen bringen (z. B. Speck)
ausplaggln	=	ausschütteln, ausbeuteln
ausrupfn	=	ausreißen

Pass auf,
dass'd neit auskaist!

Pass auf, dass du nichts ausschüttest!

Erich Riedner, Bretstein

aussi = hinaus

auswoadn = Ausnehmen von Innereien bei Tieren

autoppn = angreifen

auwaln = spuken, geistern

auwaschln = mit Wasser anschütten

Kunnst ma an Weidlan leichn, wäu i haun mein Ampa schmotza im vagessn.

Könntest du mir eine Schüssel borgen, denn ich habe meinen Eimer prompt vergessen.

Erich Riedner, Bretstein

B wie *Biaschal*

baad	=	welk
Babberl	=	Babybrei, Babykost
bachalwoam	=	angenehm warm
bagschiri	=	grob, derb
Bahöl	=	großer Lärm
Baisumpa	=	Bienenkorb

bakloa	=	kleinweise
Bamerantschn	=	Orangen
Bamkestn	=	Kastanien
Bamkloupfa	=	Specht
Banchart	=	Baumgarten (Ortsteil von Pinggau, Ortsbezeichnung)
banouna sei	=	zusammen sein
baumsti, baumstig, bomsti	=	schwammig, widerwillig oder taub, gefühllos
Beamboch	=	Bärnbach (Ortsbezeichnung)
Beasch	=	Burschen
bedaggln	=	beschwindeln

Begavara	=	Kalvarienberg
beilafi	=	ungefähr, beiläufig
Beiveigl	=	Bienen
Beiveiglvoter	=	Imker
Betn	=	Rosenkranz, Gebetsschnur
Bettbrunzer	=	Bettnässer
Biachn	=	Birke

blea am Kamperl

blass um die Nase

Gertraud Mayr

Biaderl = kleinere Menge (Gegenteil von Fuhre)

biangat = klobig, unförmig

Biaschal = männlicher Teenager

Bingl, Binkl = Bündel

bingldick = schwanger

Bissgurrn = grantiges Weib

Mehr oder weniger erfolgreich in der Nase bohren.

Peter Weber, Gössendorf

Bixn	=	Dose, aber auch: Gewehr
Blasenscheitl	=	Wasserwaage
Blatschern	=	Beule
bleagazn	=	blinzeln
Bleamerl	=	Blume
Blia	=	Blüte

Da Bam is vulla Blia.

Der Baum ist voller Blüten.

Bliacherl-schneibm = Blütenblätter, die wie Schneeflocken von den Bäumen fallen

Bloafterl = dicker, etwas unbeholfener junger Mensch

bloasleatig = ohne Zusätze

Blochjodler = Bauer

bloderdackelt = barfuß

bloßhaxat = barfuß

Host die Betn eing'steckt?

Hast du den Rosenkranz im Sack?

Elfriede und Friedrich Jeitler, Wenireith

Bloutschn	=	großblättrige Pflanze
Bluatsauga	=	Gelse
Blutzer	=	Dummkopf, aber auch: bauchiger Tonkrug
Boachathemmad	=	Flanellhemd
Boanlg'stöll	=	dünne Person
Botschkochl	=	schlampiger Mensch
Bournägl	=	frostig klamme Finger oder Zehen
Brechül	=	eine Frau, die ständig Neuigkeiten verbreitet
Brentler	=	Senner
Brentlhittn	=	Sennhütte

brettlebm	=	ganz eben
broatoaschat	=	Person mit ausgeprägtem Becken, breitem Hintern
brocken	=	pflücken (z. B. Zwetschken)
Brodelhäfen	=	jemand, der unentwegt spricht
brodln	=	köcheln, aber auch: ohne Unterlass reden
brunzlat	=	nach Urin riechend
Buachn	=	Buche

Bua lous, do hot's an Doumpf!

Bist du wahnsinnig, da hat es eine Hitze!

Bua lous	=	Ausruf des Staunens
budnvull	=	satt
Budnzwicken	=	uneingeladen bei einem Fest mitfeiern, mitkonsumieren
Budscherl	=	Ferkel
Buggl	=	Buckel, Rücken
Bugglbirschtn	=	Rückenbürste
Bugglsock	=	Rucksack
Buhvogelwetter	=	das wechselhafte Aprilwetter
Bülloa, Bühloa	=	faules Ei
Bummhiasl	=	Jäger
bummli sei	=	schwindlig sein

Buschgawetl	=	Blumenstrauß, Blütenstrauch
Butsch	=	Schwein
Buzal	=	kleines Kind

Bucklkraxn trogn

Jemanden auf dem Rücken tragen.

Roman und Gerlinde Krautwaschl

D wie derrisch

da gwoht	=	erspäht, wahrgenommen, gesehen
Dachslederne	=	Abendschuhe zum Ausgehen
Dackn	=	Türvorleger
dadiad, dadiarrt	=	verdorrt
dafriasn	=	erfrieren

dalängan	=	erreichen
dahaschpln	=	stolpern
damisch sein	=	benommen, verrückt, blöd sein
dapockn	=	etwas schaffen
Darmdirra	=	Hungerleider
dasaufn	=	ertrinken
daspoarn	=	ersparen
dastickn	=	ersticken
Dati	=	Vater (Koseform)
dauni gegn	=	weggehen
dauni ruckn	=	wegrücken

davauburrn	=	davonlaufen
dawal hobn	=	Zeit haben
dawischn	=	erwischen
dazöhln	=	erzählen
deggarat	=	zittrig
Deitschlonzba	=	Deutschlandsberg (Ortsbezeichnung)
Depscher	=	Beule am Auto

Da drüben!

Hermine Weitzl, Graz

derrisch	=	schwerhörig
Dibl, Dibü	=	Beule
digna Bogal	=	Kuchen, der nicht flaumig ist
Dirn	=	Magd
dischgariern	=	miteinander reden
Discohammerl	=	Abendschuhe zum Ausgehen

Da Himmelvota tuat Keglscheibn.

Gott kegelt (es donnert)

diwandiwan = durcheinander, verwirrt, unkonzentriert, aufgekratzt

doanilegn = weglegen

Döllhauben = Langweiler

Doon = Dornen

Doppl, Doppül = dumme Frau

dou = doch

dou eppa = doch etwa

Doumpfl, Dampfl = Gäransatz für Germteig (Hefeteig)

Mi hot a Bei doungelt.

Mich hat eine Biene gestochen.

doungln = stechen, aber auch: Sense oder Sichel schärfen

dousln = eilen

douzi = diese, jene

douzi do = dieser da

Dreihaxn = Stockerl mit drei Beinen

drenschgan = sabbern

drentn = jenseits

Sist dadiad a da.

Sonst vertrocknet er dir.

Theresia Sailer, Rothgmos

dschinggat	=	ziemlich klein, klein geraten
dul, dull	=	stark, viel, recht lang
dull vül	=	sehr viel
dumba, dusta	=	dämmrig sein
durt ircha	=	da, dort drüben
Dusl	=	Schwips, Rausch
Duttengretel	=	überproportional bestückte Frau
Duttlfal	=	kleines Schwein
Duttlhoulta	=	Büstenhalter

Bist deppad, da Hons hod scho a Budn wia a Bougabai.

Unglaublich, welch großen Umfang
der Bauch von Hans schon hat,
er gleicht einer Hummel.

E wie Eintippler

eachleuchi	=	drüben hinunter
eal	=	drüben, auf der anderen Seite
eanchl	=	vis-a-vis, gegenüber
ehzeit	=	bald, früh, demnächst

Eidaxl	=	Eidechse
Eier peckn	=	Eier gegeneinander stoßen (Osterbrauch)
Eilschrot	=	Edelschrott (Ortsbezeichnung)
eimoaschn	=	einmaischen (Kernobst in ein Fass geben – für die Gärung zum Schnaps)
einbroukn	=	kleine Stücke (meist Brot oder Semmel) in Suppe/ Milch/Kaffee geben
eindepschn	=	eindrücken
eini	=	hinein
einiloachn	=	einweisen
einischouppn	=	hineinstopfen

Eintippler	=	Einbrecher
eintunkn	=	tauchen, tunken
eisoaftnan	=	einseifen
eischtran	=	einstreuen
elendi	=	schlecht, erbärmlich
Ember, Emper	=	Eimer
enk	=	euch

Ehanta is vüles a bissl bessa gwesn.

Früher war vieles besser.

Karl Eichner, Leibnitz

enta = früher, eher

entn = drüben

eppa = vielleicht, gar vielleicht

Erdruam, Erdruabn = Erdapfel

extrig = außergewöhnlich

Hast du etwa deine Tasche verlegt?

Anneliese Kainer, Stattegg

F

wie Feitl

Fahlboch = Entlastungsgerinne

Fala, Fali = Ferkel

Fallot, Falout = Betrüger

fatschn = verbinden, einbinden

Fatschn = Wickelbinde

feartn, fartn = voriges Jahr

fechtn = betteln

feichsn = ernten

Feichtn = Fichte

Feitl = Taschenmesser

fetzn = unleserlich schreiben, aber auch: stark schneien

Fetznfliaga = Auto mit Stoffdach

fexen = ernten

Fiata = Arbeitsschürze

Fiatigoutsuppn = Kaffee

Fitzerl = ganz kleines Stück

Fiwitznosn = neugieriger Mensch

fladan = stehlen

Flajau	=	Groß St. Florian (Ortsbezeichnung)
Flantschgerl	=	ausgeflockte Milch, kleine Stücke
Flitscherl	=	leichtes Mädchen
Flitzn	=	Durchfall
Fluscha	=	kurzes Aufflammen, ein Augenblick
foarferln	=	etwas (unsinniges) zusammenreden
Foatl	=	Vorteil, Geschick, Talent, Begabung
Fock	=	halb erwachsenes Schwein
folasch werden	=	zornig, ungeduldig werden

Föllwutzl = Feldhamster, Wühlmaus

Folta = Schmetterling, Falter

fouppm = veräppeln

Foutzn = Ohrfeige

Foutzhoubl = Mundharmonika

fraliwui = freilich

Fertn homa dull vül Bauwoaz gfexnt und wölfli vakaft.

Im Vorjahr haben wir voll viel Weizen geerntet und zu einem wohlfeilen Preis verkauft.

Otto J. Golger, Seggauberg

frantschln	=	neugieriges Ausfragen
franzln	=	hänseln
Freidi, Freita	=	Freitag
friaga	=	früher
Frotzen	=	schlimme Kinder
fruatla	=	wirklich
Fuachan, Fuachn	=	große Bodenrille, Ackerfurche

Draußen ist es rutschig.

Susanne Trebitsch, Rachling

Fuachenkeks	=	Erdapfel
fuchti	=	zornig
fuchtln	=	wild herumgestikulieren
fuggazn	=	Kerzenflackern
Funzerl	=	schwache Lampe, schwaches Licht
Futzerl	=	kleines Stück

Sie hot a buglats Fiata.

Sie ist schwanger.
(weil sich die Schürze vorwölbt)
Elfriede und Friedrich Jeitler, Wenireith

G wie g'schekat

g'schekat	=	bunt
G'riss	=	starke Nachfrage
Gschaler	=	Blätter vom Maiskolben
gach	=	jäh, schnell
gach owi	=	jäh abfallend
gampern	=	essen geben, jemanden füttern
gamprig	=	lüstern, geil

Gari	=	(altes) Auto
Gatta	=	hölzernes Weidetor
gaumpa	=	zart, lieb, herzig, klein
gaustan	=	Schneetreiben, stürmen
gax amoe	=	irgendwann
gfeanzt	=	hinterhältig, falsch
Gfrett	=	ärgerliche Lage
Gfries	=	Gesicht
Giataschdorf	=	Dietersdorf, Ortsteil von Fohnsdorf (Ortsbezeichnung)
Gichtprigl	=	schmerzende Beine
Giftnudl	=	Zigarre
gigazn	=	stottern

gläddi = eisig, Glatteis

Gleimscheißa = Feigling

gloasi = aufmerksam

Globartl = Krampus

glostig = glänzend, speckig

glotzat = kahlköpfig

Glua, Gluj = Glojach (Ortsbezeichnung)

glua = geizig

Mir geht die Gloudan.

Ich habe Angst.

Beate Legat-Marinschek, Lannach

Gluggl = unzuverlässiger (meist alkoholbestimmter) Mann

gluggln = trinken

Gmoa = Gemeinde

Gmoasch = Maische

Gnack = Genick

goabln = zappeln

goamatzn = gähnen

Goarn = Karren

plötzlich

Goasl = Kleine Peitsche zum Viehtrieb und Stechfliegen vertreiben

Goaßhorn = Gaishorn am See (Ortsbezeichnung)

Gobl = Gabel

Goda, Gouder = ausgeprägtes Doppelkinn

Godl = Taufpate

gogazn = gackern

Gogga = dummer Mensch

Goggaloazn = Löwenzahn

Da Koda is aba schei g'wompat.

Der Kater ist aber ziemlich mollig.

Goggl = Hahn

Gogolori = kleiner Idiot

Gollbuscherl = Enzian

Gölsn = Gelse, Stechmücke

Gölsntippl = Gelsenstich (angeschwollen)

Golster = Elster

goschert = freches Mundwerk

gottika = gleichwohl

Gouderlkrotzer = Schmeichler

Gfuigt scho!

Es reicht!

Sabine Buchrieser, St. Lorenzen im Mürztal

gouschat	=	vorlaut, frech
Gowadern	=	Scheesturm
Graffl	=	unnützes Zeug
Grangn	=	Preiselbeeren
Grantscheam, Grantschippl	=	grantiger, mürrischer Mensch
Grass, Grassa	=	Reisig
graungat	=	schmutzig
graupat	=	borstig, unfrisiert
greabetn	=	Betend ums Feld gehen um eine gute Ernte bittend
Greathäusl	=	Plumpsklo
grechtln	=	herrichten
grein	=	schimpfen

grepatzn = rülpsen

Griaskouch = Grießbrei

griaslad = kleinkörnig

Griffl = Finger

Grö = ausgewachsenes Schwein

grod danern = gerade eben, gerade zuvor

Grosbeißer = Vegetarier

großduttlat = vollbusig

Gruabnzutzler = Kanalreiniger

gruisi = nicht reif

A Gölsn hot mi g'nogelt.

Eine Gelse hat mich gestochen.

Grumban, Grundbirn	=	Erdapfel
Gruschpel, Kruschpel	=	Knorpeln im Fleisch
Gschaftlhuaba	=	Wichtigtuer
gschamig	=	schüchtern
Gschau	=	Gesichtsausdruck
gschead g'redt	=	nach der Mundart sprechen
Gscherta	=	Provinzler (abfällig), aber auch: Städter (ebenfalls abfällig)

a scheas Gweiwatz

eine schöne Frau

Rosa Matzl, Straden

Gschloda = unappettitliches, fast flüssiges Essen oder Getränk

gschmacki = schmackhaft

gschmoch = sanft, zart

Gschnortlsupm = Beuschel

gschodat = unfrisiert

Gschouder-wascherl = Kind mit struppigem Haar

gschreams = schräg

Im Bett gnotzn.

Im Bett nachliegen und das Nichtstun genießen.

Gerhard Bachmaier

gschriams umi	=	schräg hinüber
Gschwoafl	=	sinnloses Gerede
Gsieferl	=	(minderwertiges) Getränk
gsodn	=	gekocht
Gspusi	=	Liebelei, Liebschaft (kurzfristig)
gstad	=	ruhig, still
Gstättn	=	verwilderter Platz
Gstaudawerch	=	Gebüsch
gstromlat	=	färbig, dreckig
Gugga	=	Fernglas, Brille, aber auch: Augen
guggascheckat, gugatzgscheckat	=	sommersprossig

Guggascheckn	=	Sommersprossen
Guissara	=	Bergschuhe
Gungala	=	Stachelbeere
Gupf	=	Kuppe, Berggipfel
Gurbernal	=	Fahrradlenker
gwombat	=	dick, gut genährt
gwori	=	besonders scheu, aufmerksam
Gwound	=	Kleidung
gwurlat	=	unruhig

a lauts Gschala

ein lautes Durcheinandersprechen

Peter Rinner, Gratkorn

H

wie Hinterwöltler

hab, harb	=	zu viel gesalzen
haban, habern, hawern	=	essen, schmausen
Habl	=	Henkel
hahl	=	eisig, rutschig

Hamanie	=	Ziehharmonika
Handsch	=	Handschuhe
Hanschdorf	=	Markt Hartmannsdorf (Ortsbezeichnung)
hanti	=	bitter
Haonsterz	=	Haidensterz
Hapfn	=	Bett
Haschal	=	armes Kind
Hatscha	=	anstrengender Marsch
Hatscherter	=	ein Hinkender
haxln	=	Bein stellen
headakn	=	leicht regnen, anspritzen

Heaschädl	=	Hühnerkopf (Schimpfwort)
Heaschpln	=	Mispeln
Heggarl	=	Schwächling
Heigeign	=	sehr groß gewachsene, dünne Frau
heihaifln, heihiafln	=	Heu zu kleinen Schobern aufschichten, die am nächsten Tag wieder zum Weitertrocknen auseinandergebreitet werden
heinln	=	Hackfrüchte vom Unkraut befreien
Heisoacha	=	kurzer Regenguss während der Heuernte
Heitschal, Hetschibetsch	=	Hagebutte
herentn	=	herüben

hetschazn = Atemnot, kurzatmig

heybln = Samen von Schale auslösen (bei Bohnen)

Hiahnaboggerl = Hühnerkot

Hianasteign, Hianaloata = Hühnerleiter

Hiaschitta = kurzer, heftiger Regenguss

Hiascht = Herbst

hiatz = jetzt

Of Flanz hatschn.

Nach Fladnitz gehen.

Rosa Waidacher, Kumberg

hiaz nali	=	jetzt neulich
hiazhea	=	vor kurzem, unlängst
Hidlbua	=	Teufel
Hifl, Hüfl	=	um Stange gewickeltes Heu
hifln	=	Stroh/Heu um eine Stange wickeln
himmltzn	=	Wetterleuchten
hintaruggs	=	falsch, hinterlistig (hinter dem Rücken)
Hinterwöltler	=	Hinterweltler, unmoderner Mensch
hiranto	=	manchesmal
hisch	=	viel
Hittn	=	Hütte

Hoabeagn = Hartberg (Ortsbezeichnung)

Hoadnsterz = Heidensterz, Sterz aus Heidenmehl

hoagli = empfindlich, heikel

hoamhaisln = auf dem Heimweg fast bei jedem Haus einkehren

hoamstampern, hoamjeikn = jemanden mit strengem Ton nach Hause schicken

Hoanbrein = Buchweizen

Hoarachi = Bergnebel

Schau, a Himmlkuhrl!

Schau, ein Marienkäferl!

Roswitha Wilfling, Graz

hoarachig	=	dunstige Luft, keine Fernsicht, schwül
Hoarzoudn	=	ungepflegte lange Haare
hoas	=	heiß
hoasri	=	heiser
Hobagoaß	=	Habergeiß, Brauchtumsfigur im Fasching
Hodan	=	Putzlappen, aber auch: Ohrwurm, Hit
Hodrawachl	=	schusseliger Mensch
Hoggnei	=	Tätigkeit unter großer physischer und psychischer Anstrengung
Holmaroah	=	Halbenrain (Ortsbezeichnung)

holsn	=	halsen, um den Hals fallen
Holta	=	Viehhirte
Holtabua	=	Bub, der auf Weidevieh aufpasst
Holtahittn	=	einfache Unterkunft für den Hirten
Hoppalkraxn, Hopperlträger	=	Büstenhalter
hoppatatschig	=	unbeholfen sein
Hosn ausstaubn	=	aufs WC gehen

Zeit zam Hoabia broukn.

Zeit, um Schwarzbeeren zu pflücken.

Hosnsoacha = Feigling, Hosenpinkler

Housntürl = Reißverschluss an der Hose

Housnseikl = Hosensack

Howoart = Hochwart (Ortsbezeichnung)

Huabm = kleine Bauernwirtschaft als Teil eines größeren Hofs

Huastn = Kehle

Huatfoahrer = langsamer Autofahrer

huckaln = hocken, nahe am Boden sitzen

hudln = sich beeilen

hul gongan = entlaufen

hulgiea = verlustig gehen, davonlaufen

Hulla	=	Unsinn
Hulwei	=	Hohlweg, Waldweg in Form eines Grabens
Hulz kliabm	=	Holz spalten
Hunas	=	Hornisse
Hunasenkruag	=	Hornissenkrug
Hundsmiachn	=	ein lästiger Hund (gilt für Tier und Mensch)

Host wos fia mi ibari?

Hast du was für mich übrig?

I wie Idipfalreita

iacha, iachl	=	drüben
Iaxn, Ixn, Irgsen	=	Achsel
Iaxnschmecka	=	Deodorant
Idipfalreita	=	übergenauer Mensch
in Schüd fiahrn	=	planen, im Schilde führen
inni werdn	=	wahrnehmen, bemerken, draufkommen

ircha = dort

Irgallerl = kleines schmales Lebewesen

Irta = Dienstag

Isla, Islach, Isl = Abfall, Mist

iwarex = querfeldein

iwari = übrig

iwari hobm = übrig haben

iwarumpln = überraschen, überrumpeln

iwasi = oberhalb

iwawuzlt = ein gewisses Alter überschritten haben

Ixnbuschn = Achselhaare

J wie Janga

Janga = Jacke

Jaug, Jauk = Südwind, Föhn

Jaukal = Injektion, Impfung

Jawa = Jagerberg (Ortsname)

Jessas na! = Ausruf der Verwunderung

jetn = Unkraut ausreißen

Jougla = Oststeirer (Joglland)

Joupal = kurze Jacke

jucken = vom Juckreiz befallen, aber auch: sich verletzen

justament = in diesem Augenblick

Jetzt gehen wir essen!

Maria Prisching, Mürzzuschlag

K wie

käfaliacht, käfaliacht onschaun = große Augen machen

kagatzn = husten

Kai = Unterkiefer, Kinn

kamod = gemütlich, praktisch

Kampl = Haarkamm

kampln = Haare kämmen

Kasraungn	=	Käserinde
Kaszettel	=	Schmierzettel
Kehrahandum	=	im Handumdrehn
Keischn	=	altes Haus
Keksmoudl	=	Ausstechform für Kekse
Keppeltoschn	=	VielrednerIn
keppln	=	(viel) reden
Kerndl	=	Körner
Kerschn	=	Kirschen
Kestn	=	Kastanien
Kiahbloafn	=	Kuhfladen
Kiahboda	=	Kehricht, Abfall, Müll, Schmutz beim Zusammenkehren

Kian	=	harziger Holzspan zum Feuer machen
Kikrizgotschn, Kikrizpotschn	=	unbekannter Ort im Nirgendwo
Kittal	=	Kleidchen
Kittl	=	Damenrock
Klachlsuppn	=	gesäuerte Suppe aus Schweinshaxen
klaubn	=	sammeln, vom Boden aufheben
Kleibmknipfer	=	sehr sparsamer Mensch
Klemmoasch	=	geiziger Mensch
kleschkolt	=	eiskalt
kliabm	=	Holz hacken, spalten
Kloa	=	Schweinszehen bzw. deren Hornhüllen

klumbari	=	marode, kränklich
Klump	=	unnützes, blödes, defektes Ding
Klumpat	=	unnützes Zeug
klunzn	=	jammern
Kluppa	=	Geizkragen
Kluppm	=	Wäscheklammer
Knofl	=	Knoblauch
Knoflzecherl	=	Knoblauchzehe

Kua Dorf, bisserl a Dorf, glei in a Dorf und Grazdorf.

Kaindorf, Pischelsdorf, Gleisdorf, Graz.
(Der Weg eines Hartbergers nach Graz)

Elfriede und Friedrich Jeitler, Wenireith

K

Koanoch	=	Kainach (Ortsbezeichnung)
koawie	=	trübe Sicht
kölban	=	ein Kalb zur Welt bringen
Koo, Koh	=	Gebüsch, vornehmlich an Grundstücksgrenzen
Koschpl	=	Nahrungsreste zum Verfüttern an Schweine
Koschplkibl	=	Eimer mit Nahrungsresten, die an Schweine verfüttert werden

Kounst an Koschplkibl auslaan, wal dea miachtlt scho wieda sou.

Kannst du bitte den Biomüll-Eimer ausleeren, der stinkt schon wieder so.

kosthoagli = heikel

Koutzn = alte Decke

Krah = Krähe

Kraitl = Kräuter

Kraitlschmölza = Eierspeise mit Kräutern

Kramasuri = wüstes Durcheinander, Kram, Zeug

Aber auch ein Begriff aus der modernen Weltliteratur: Kramasuri – Das noch umfassendere Handbuch des Steirerwissens. Kurioses und Wissenswertes aus der Steiermark.

kolt, saukolt, kleschkolt

kalt, kälter, am kältesten

Peter Rinner, Gratkorn

Krauma	=	Greißler
krawutisch	=	sehr zornig, ausgerastet
kraxln	=	klettern
Kraxn	=	Buckelkorb aus Weidenruten
Krempn	=	kleine Äste, Holzabfall
Kriachal	=	Kriecherl (Pflaumenart)
Krochledane	=	Lederhose
Kropfruam	=	Erdäpfel

Kimma enka Mulda z'leich hom?

Können wir eure Holzwanne ausleihen?

Familie Hesch, Krusdorf/Straden

Kruckerlstessen = ein beleidigtes Gesicht machen, kurz vor dem Weinen sein

Krumbirn, Erdbirn = Erdapfel, Kartoffel

krumphaxat = X- oder O-Beine haben

Kuahreiter = Hirschkäfer

Kuapflöftl = Kuhfladen

kuddan = lachen

kühwi = bewölkt

Auf Händen und Knien versuchen, sich von schmerzhaften Darmwinden zu befreien.

Georg Platzer, Wien

L wie Lulatsch

laa, lar	=	leer
Labn, Labm, Laam	=	Vorhaus, Eingangsbereich, Vorraum
Lackal	=	der letze Schluck im Glas
Laggl	=	großer, starker Mensch
Läggn	=	Ein Weidezaun zum Öffnen (Holzstangen hin und her schieben)

Lahmpotzn = Lehmklumpen

Lais = Läuse

Lamperl = junges Schaf, Lamm

lanzln = faulenzen

latschat = ohne Geschmack bzw. nicht frisch

latschn = schlampig gehen

Lausa = Lausbub, frecher Kerl

Lausrechn
Laisrechn = Kamm

Lawua = Waschschüssel

Lawuapapm = sehr breiter Mund

laxln = verleiten, verführen

leapln = zittern

L

Leatschn	=	Unterlippe
Leck Fett'n!	=	Unglaublich!, Wahnsinn! (Ausruf des Staunens)
Leckstoa	=	Salzstein für das Vieh
Lefzn	=	Hundemaul
leischn gehn	=	viel ausgehen, sich vergnügen anstatt zu arbeiten
Leitn	=	Berghang, steiles Grundstück
Lercherlschas	=	Kleinigkeit
Lesch	=	unguter Mensch, asozialer Zeitgenosse
letti, lettig	=	rein, unverdünnt
Liachtn	=	Lichtung
Liazn	=	Liezen (Ortsbezeichnung)

lind = wenig gesalzen

Loaf, Loafn = Gesicht

Loahmgrean = Gehsteig aus Lehm vor Bauernhäusern

loamlockat = müde, träge, uninspiriert, langsam

Loata = Leiter

Loatzkerbl = aus Stroh geflochtenes Körbchen, in dem der Brotteig aufgeht

Leantschn mochn

ein langes Gesicht machen

Maria Peinsipp, Puch/Weiz

Loatzschissl = Holzschüssel, in der Brotlaibe geformt werden

Lockn = Pfütze, kleine Flüssigkeitsansammlung

Loibn = Leoben (Ortsbezeichnung)

Loser = Ohren

louckn = Kind auf dem Arm tragen

Loundschba = Deutschlandsberg (Ortsbezeichnung)

lounkwali = langweilig

Da Kupfa is aus Leijda.

Der Koffer ist aus Leder.

Regina Grassl, Bad Radkersburg

Luach	=	Staubflusel
luachig	=	staubig
Luada	=	falsche, durchtriebene Frau
luckat	=	löchrig
ludln	=	urinieren
Lugbeitl, Lugnschippl	=	Lügner
Lulatsch	=	großer Mann
Lusch	=	Liebstöckl

a leigsoudnts Oa

ein weichgekochtes Ei

Theresia Sailer, Rothgmos

M wie Miafadl

Magdalei	=	St. Magdalena am Lemberg (Ortsbezeichnung)
Malter	=	Mörtel
Marandjosef!	=	Ausruf des Erschreckens („Maria und Josef!“)
Marantana!	=	Ausruf des Erschreckens („Maria und Anna!“)

marod, maroudi sei	=	kränkeln
maschgeriern	=	sich maskieren
Maschirpöverl	=	Abführmittel (Maschierpulverl)
maunln	=	etwas langweilig tun, trödeln, nicht weiterkommen
Maunscha	=	Mondschein
Mauta	=	Montag
Menschal	=	liebes Mädchen
Mentscha	=	Mädchen (Mehrzahl)
Miachn	=	schlechter, unguter Mensch
miachtln	=	leicht stinken, übel riechen
miad	=	müde

Miafadl = Meerschweinchen

miahsali = mühselig

Miassigong = Nachgeburt beim Vieh

Michö = St. Michael in der Obersteiermark (Ortsbezeichnung)

midi (um midi) = mittags

midlsichtig = desolat, in schlechtem Zustand

Miglo = St. Nikolai ob Draßling (Ortsbezeichnung)

manouma geahn

umhergehen

Mingerl	=	kleines Stückerl Brot, „Restl“
Mischkulanz	=	Mischung
Mitta	=	Mittwoch
Moasch	=	zerquetschtes Mostobst, zerquetschte Trauben
Moasnber	=	Masenberg (Ortsbezeichnung)
Moda	=	Marder

a Massl hobn

Glück haben

Andrea Koch, Lieboch

Möhlpopp = klebriger Teig aus Mehl und Wasser

morb = mürb (Fleisch)

mostig = rauschig

motschgern = nörgeln

mouckn = schmollen, trotzen

Moudl = Gussform

Moustlogl = kleines, aus Fassdauben hergestelltes Holzgefäß (einige Liter) zum Nachtragen von Most auf das Feld

Die Kuah wiard miassi.

Die Nachgeburt bei der Kuh kommt.

Theresia Sailer, Rothgmos

Mrkn, Mrgn, Murgn	=	Gurke
Muarks	=	schlampige Arbeit
muarksn	=	pfuschen, werkeln
Mugrutzen	=	Stachelbeeren
Mulbratl	=	Karree
Müliplotschn	=	Löwenzahn
Mutz	=	Katze

So a Moudi.

So eine Angewohnheit.

Renate Moosbacher

N wie *Nockabatzl*

Nachgschwister-kinder	=	die Kinder von Cousine und Cousin
nala, nali	=	neulich, vor Kurzem
Nani	=	Nase
Näst	=	Äste

neama = niemals, zu keiner Zeit

neamd = niemand

neblreißn = leicht regnen, nieseln

Neidhamml = neidischer Mensch

Netsch = Geldscheine, Geld

nidagehn = stark regnen

Nigl = Kuchen

ninascht = nirgends

Net amol denkn!

Kommt gar nicht in Frage!
(„Nicht einmal denken!“)

Noabm	=	Narbe
Noagal	=	kleiner Rest
Nobaz	=	Nabel
nochand	=	nachher
Nochglachl	=	der Letzte, Hinterste
nochsteign	=	aufdringlich umgarnen
Nochtanl	=	ein Mensch, der in der Nacht noch keine Ruhe gibt
Nockabatzl	=	nackter Mensch

Neie Wusal san gschlupft.

Neue Küken haben das Licht der Welt erblickt.

Notn = Atem

nuggln = in kleinen Schlucken trinken

Nutscherl = junges Schweinderl

nutz oani = viele

**Herr Doukta,
i houff,
die Kua hot
a Eisn!**

Herr Doktor, ich fürchte, die Kuh hat einen Fremdkörper in der Magenwand stecken!

Christa Schwinger, Hitzendorf

O wie olichtn

o baad	=	verwelkt
Oagschmata	=	Eierspeise
oamsali	=	armselig
Oanad	=	Einöd (Ortsbezeichnung)
Oaschal	=	Kinderpopo
Oatatzn	=	Eiertragerl

obeitln	=	abschütteln, aber auch: zittern vor Kälte
obi	=	hinunter
obrouckn	=	Früchte pflücken
Ocka	=	Acker
Ockabrot	=	Ackerrand
odoppn	=	grapschen
odraht	=	listig, hinterfotzig
Ofeitla	=	jemand, der in Konkurs gegangen ist
ofoutzn	=	schlagen, ohrfeigen
oftn	=	später, nachher
ogebn	=	abgegeben

ogölt = abgerutscht

ogroat = gesprochen

Ogrosl = Stachelbeeren

ogrotn = abgeraten

ogschia = abgelenkt

ogschoussn = ausgebleicht (z. B. Stoff)

ogsessn = im Knast gesessen

ogwischt = abgewischt

Die Bairin tuat Oa sporn.

Die Bäuerin tut Eier sparen.

Karoline Müller, Leutschach

ogwixt = schlau, listig

ohausn = abwirtschaften

oheippln = auslösen von Bohnen

Ohla, Ohler = Spreu, Fichtenstreu

Ohli = Jauche, Fäkalien

Ohli fiarn = Jauche ausführen/ ausbringen

ohoazn = abheizen

Die Eier sind drüben.

Hans Flechl, Hainersdorf

O

ohölzi = schief gewachsenes Holz

Ohrwaschl = Ohr

ohuln = abholen

oiweil = immer

okastian = sich Sorgen machen

okragln = umbringen, den Kragen umdrehen

okschundn = körperlich abgeschunden

olaxln = zum billigen Kauf überreden, abluchsen

Ölgs = Iltis

olichtn = fotografieren

ollemol = allemal

ollzwoa = beide

oloadi = bergab, schiefes Feld

olodn = abladen

olsdn = alsdann

Omas, Omoas = Ameise

Omashaufn = Ameisenbau

Oumm = Spreu beim Dreschen

omochn = (Salat mit Essig und Öl) abmachen

Des is a festa Oaschkriacha.

Das ist ein ziemlicher Schleimer.

Maria Prisching, Mürzzuschlag

O

onlegn = Kleidung anziehen

onobln = abnabeln

onoschen = abnagen

opfiatn = verabschieden

oposchn = flüchten, davonrennen

örta weis = mancherorts

oschmolzn = Speisen mit Fett abschmalzen

Bretter abladen

Gerald Kurz, Gaishorn

Oschn	=	Asche
Osterweinberln	=	Traubenhyazinthen
oubletzn	=	beschädigen, anschlagen
oubn	=	oben
oudrahn	=	jemandem etwas aufschwatzen
oududln	=	ansaufen, sich betrinken
Oufnbaunk	=	Ofenbank

Fiatrei oawatn

Grünfutter einholen

Maria und Anita Eberl, Krumegg

ouhabig = aufdringlich

ouhebn = etwas beginnen

ouheiratn = durch Heirat Mitglied der Familie werden

Oumpa = Eimer

ouneweign = geistern, spuken

an Kukuruz ohrebün

Maiskörner vom trockenen Maiskolben mit den Händen entfernen.

Daniela Stögerer, Unterrohr

Ouniwoundn, Oumniwantn = Bereich vor dem Acker zum Wenden des Gespannes oder Traktors bei den Feldarbeiten

ouschnauzn = beschimpfen

outuan = antun

owati = feindselig

Owizahra = Verhinderer, Faulpelz

In unserm Haus tuats oniweign.

In unserem Haus geistert es.

Herta Schlauch, Ausseerland

P

wie

Pfidschi Pfal

pantschn	=	alkoholisches Getränk mit minderwertiger Flüssigkeit strecken
Papperl	=	Brei für Babys, Essen
Pappm	=	Mund
Pauntabruggn	=	brückenartige Auffahrt zu einer höher gelegenen Tenne im Stadel

pecklzechat	=	die Füße eingedreht gehend
pempern	=	Sex haben
Pertschgaloch	=	Hohlraum bei einem gemauerten Herd
Pertschn	=	Kopfbedeckung
pfeang	=	müde
Pfeit	=	St. Veit in der Gegend im Bezirk Murau (Ortsbezeichnung)
pferchn	=	stopfen
pfetn	=	einen Pfad treten
pfiatn	=	sich verabschieden
Pfidschi Pfal	=	Pfeil (und Bogen)

pfiffn	=	gepfiffen
Pfingsta, Pfingsti	=	Donnerstag
Pfingstluckn	=	die Person, die am Pfingstsonntag als letzte aufwacht und deshalb gehänselt wird (Brauchtum)
Pflanz	=	Schwindel, Betrug
pflanzn	=	zum Narren halten
Pfoat	=	Hemd, Schürze

Pfiati, du pfuntigi Pfoatzn!

Auf Wiedersehen, du wundervolle Frau!

Franz Konrad, Raudenberg

pforzen	=	furzen
pfugatzn	=	lachen
Pieperl	=	Kücken, junges Huhn
Pims	=	(hartes) Brot
piperln	=	gern trinken
Pippm	=	Fass- bzw. Wasserhahn
Pischdorf	=	Pischelsdorf (Ortsbezeichnung)

Dos Liacht pfugatzt a weani.

Das Licht flackert ein wenig.

Egon Rosmann, Leitring

Pitscha Patscha	=	Hagebutten
Platscherrn	=	große Wunde
Pleampl	=	einfältiger Mensch
plearn	=	schreien, weinen
Pleaschn	=	freie Stelle im Wald
Pletschn	=	(Salat-)blatt
plogn	=	sich anstrengen, plagen
Plutschga	=	Wärmeflasche

a feste Platschern

eine große Wunde

Wolfgang Hilberger, St. Lorenzen im Mürztal

Pluza = bauchiges Tongefäß für Flüssigkeiten, aber auch: einfältiger Mensch

poar = paar

Pöfal, Pulval = Pulverl, Tablette

Poggerl = teigiger, speckiger Kuchen, nicht flaumig

Pöllaber = Pöllauberg (Ortsbezeichnung)

Poppndeckl = Karton

poschn = klatschen, aber auch: ohrfeigen

I foa in die Pingga.

Ich fahre nach Pinggau.

Gerlinde Orthofer, Sinnersdorf

postmochn = ausrichten, jemanden benachrichtigen

potschert = ungeschickt

Potschochta = tollpatschiger Mensch

Potznlippl = Mensch, der viel patzt/kleckert

Pouchtlat-schaufl = Kehrschaufel

Pracker = Teppichklopfer, Klaps auf den Hintern

Prearan = Preding (Ortsbezeichnung)

Prentlerin = Sennerin

primschn = braun rösten

pritschln = mit Wasser spielen, Wasser vergießen

prölln = betrügen

prouzat = angeberisch, protzig

pudlnockat = ganz nackt

pumpan = heftig klopfen, Lärm machen

Punktala = kleine Punkte

Pupperlhutschn = Motorrad, zweisitzig

Fahrkartenwunsch am Bahnhof Groß St.Florian, 1964: „Pölfing-Brunn hin und zurück."

Hansjürg Anlanger

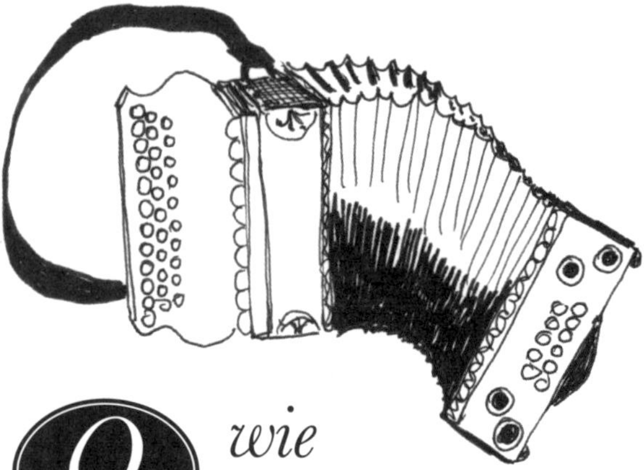

Q wie Quetschn

Quaan	=	Schneewächte
Quetschn	=	Steirische Harmonika
quiglazen	=	etwas hin und her rücken
Quirx	=	Streit
quön	=	quälen
Quön	=	Quelle

Weise Sprüch':

Wer greppatzt und pforzt – der braucht koan Oazt!

Wer rülpst und furzt –
der braucht keinen Arzt.
stoasteirische Weisheit

Wia da Ocka so di Ruam.
Wie da Voda so di Buam.
Wia die Muada so di Techter,
meist no vü schlechta.

Wie der Acker so die Rüben.
Wie der Vater so die Buben.
Wie die Mutter so die Töchter,
meist noch viel schlechter.

R wie *Reabeitl*

Rach	=	Rauch
Radi	=	Rettich
raffn, raffat	=	raufen
Raltruchn, Raoltruchn	=	Scheibtruhe
Ranzn	=	Schultasche
Ratschkatl	=	tratschende Frau
raunzn	=	jammern

Reabeitl = weinerlicher Mensch

Rearlsalot = Salat aus jungen Blättern des Löwenzahns

Rechal, Recherl = Eierschwammerl, Pfifferling

Rechenfuagl = Holzrechenstiel

Regerschbur = Riegersburg (Ortsbezeichnung)

Reißteifl = unkontrollierter, alles kaputt machender Mensch

Riachdüpl = Nase

Riad = ein Stück Feld, Nutzfläche in Weingärten

rian = sich bewegen

rifflln = Schwarzbeeren mit kammartigem Gerät vom Strauch abstreifen/rebeln *ringlat* = geringelt

rinnaugat = tränende Augen

roani = abschüssig

Roanreiten = kleinliche Grundgrenz-streitigkeiten

Roaschinda = jemand, der zu seinem Vorteil die Grenzsteine versetzt

roaschintn = illegal an der Grundgrenze den Nachbarsgrund abernten

Roastoa = Grenzstein

die Reit kriagn

die Kurve kratzen

Karin Windisch, Übersbach

Roatbir = Erdbeere

roatn = etwas gemütlich bereden („Mit dem is lusti roatn.“)

Rockschbuah, Rockaschbuah = Radkersburg (Ortsbezeichnung)

Rossboggerl = Pferdeäpfel

Rotzbremsn = Schnurrbart

rougla, rouglat = locker, wackelig

ruachln = gierig sein

rusti, rudi = rostig

den Riegl obi

den Berg hinunter

Jörg Bugram, Stainz

S wie Spuckerl

sagln	=	schnarchen
samma	=	sind wir
samsali	=	faul, langsam, säumig
sandln	=	trödeln, sich Zeit lassen
Sauawossa	=	Mineralwasser
Saukuchl	=	Ort, an dem das Schweinefutter (Erdäpfel für die Mast) in einem Kessel gekocht wird

saure Kleschn = sehr trockener, säurebetonter Wein

Sauruabn = Futterrüben

Sauschneider = Mischung aus Bier und (rotem) Kracherl

Sauzeachn = Klarinette

Schaffitl = Eule

Schamal = Schemel

Schandi = früher Gendarm, jetzt Polizist

schasaugat = fehlsichtig

schauan = gewittern, hageln

Schdianglanda = Stiegengeländer

Scheibtruchn = Scheibtruhe, Schubkarren

Scheißa, Scheißalberger	=	Angsthase
Scheißheisl	=	WC, Plumpsklo
Scherhaufn	=	Maulwurfshügel
Scherm	=	Nachttopf
Scherzl	=	Anschnitt oder Endstück vom Brot
schiach	=	hässlich
Schiagngankerl	=	jemand, der andere verpetzt
Schibbl	=	Bündel, eine Menge

Schief wia da Saubäa brunzt.

Etwas ist völlig schief.

Franz-Josef Brosch

Schinaggl	=	kleines Boot
Schinl	=	gespaltene Haselruten zum Flechten von Zisteln (Körben)
schippln	=	schütteln, an den Haaren ziehen
schirgln	=	schielen
Schlapfn	=	Hausschuh
schlatzi	=	schleimig
Schloapfn, Schlorpfn	=	Hauspantoffel, Schuhe

Er schlindat schoa.

Ihm läuft schon das Wasser im Mund zusammen.

Erich Riedner, Bretstein

schlöferln	=	sabbern
Schlompatatsch	=	schlampiger Mensch
Schmittla	=	Schnittlauch
Schmoarrn-schauferl	=	zartes Kind
schmurkeln	=	schlecht riechen
Schnauferl	=	kleines Auto mit wenig PS
Schneizfahne, Schneiztiachl	=	Taschentuch

I soach mi fost on.

Ich verspüre einen enormen Harndrang.

schnelle Katl	=	Durchfall
Schnöfeierhousn	=	Kinderunterhose mit einer Öffnung hinten (für schnelle Geschäfte)
schnuachtln	=	stöbern (z. B. in Schränken)
schnurten	=	naschen
schölch	=	schief
Schouck	=	ein Haufen (Menge), Menge zu 60 Stück (altes Zählmaß)

a schölche Hittn

ein schiefes Haus

Alois Rosmann, Weiz

schouckweis = viele, zuhauf

Schuastabixn = Frau, die mehrere Männer hat

Schuftbeitl = geiziger Mensch

Schulazegga = Schultasche

Schupfn = einfache Hütte für Geräte

schwoabazn = etwas aus einem übervollen Gefäß ausschütten

So schaut's aus.

Sigrid Pagger, Bärnbach

Schwommba = Schwanberg (Ortsbezeichnung)

Sechi = Söchau (Ortsbezeichnung)

seedi = sehr schwierig, aber auch: autoritärer Mensch

Seicherl = Sieb

seileppi net = nie im Leben

Sengsn daungln = Sense schärfen

Jetzt hob i di ba da Sterzrutschn!

Jetzt hab ich dich bei der Gurgel!

Sengsnwoaf, Senxtnwoaf	=	Sensengriff
Siada	=	Rausch
Simperl	=	kleiner Korb
sindla dreinschaun	=	betrübt sein
Siniwald, Siniwelt, Siniwöd	=	Sinabelkirchen (Ortsbezeichnung)
soachn	=	pinkeln
Soachscherbn	=	Nachttopf

Do hot sie sindla great.

Da hat sie sehr geweint.

Otto Wind

Soachwumsn	=	rote Ameise
Socktiachl	=	Taschentuch
Softlodn	=	schlecht geführtes Geschäft
Sölbstbinda	=	Krawatte
Sölch	=	Räucherkammer
söm, sem	=	somit, dann
Soumsti	=	Samstag
Sounihons	=	St. Johann in der Haide (Ortsbezeichnung)
Spal	=	kleiner Holzsplitter

I hob ma an Spal einzogn.

Ich habe mir einen kleinen Holzsplitter in die Haut eingezogen.

spaukn	=	verjagen
Spegalir-Eisn	=	Brille, Augengläser (Spekuliereisen)
speibn	=	erbrechen
Spoachn	=	Radspeiche
Spogatkropfn	=	über eine Rundform gebogene Mürbteigstücke, mit Zimt und Zucker überstreut
Spompanadln	=	Mätzchen
Spotzn	=	Spatzen (Vögel), aber auch: Muskelkater
Sprissl	=	Leitersprosse, aber auch: dünne Beine
Spritzkaudl	=	Gießkanne
Spuckerl	=	sehr kleines Auto

Spucktrichal = Spucknapf

St. Annarear = St. Andrä im Sausal (Ortsbezeichnung)

Standa = Gendarm

Staudaviertl = Staudach (Ortsbezeichnung)

Steckn = Spazierstock

**Nimm an Sirachbesn
und a Islschaufl,
auf da Grean
san Hiapfiffal!**

Nimm einen Reisigbesen und eine Kehrschaufel,
auf dem Gehsteig vor dem Haus ist Hühnermist!

Helga Dietrich, Gamlitz

Stecknhegal = ein Mensch, der in einer Ecke sitzt und beleidigt ist

Steiffi, Steiffing = St. Stefan (Ortsbezeichnung)

Sterzbam = Maispflanze

Sterzrutschn = Speiseröhre, Kehle

Stingelkatrawl = Kohlrabi

Stipfl = Pflock, Pfahl

Straßenkramperl = Straßenkehrer

Daherploaftan wia a oide Stoikua.

Ein unschöner Gang wie bei einer alten Stallkuh.

Magret Stoinschegg

Straubn	=	Germgebäck in Gitterform, in Schmalz gebacken
strawanzn	=	sich herumtreiben
Stubm	=	großer Aufenthaltsraum im Bauernhaus
Sudahäfn	=	ständiger Nörgler
Sumpa, Beisumpa	=	Bienenkorb
Sundi	=	Sonntag
Sunnseitn	=	Südhang

in da Sunn brotn

sich sonnen, in der Sonne liegen

Erna Rapp, Voitsberg

T wie Tatschger

Tammariangl	=	Spitzbub, Schlitzohr
Tatschger	=	Kröte
Tatschgercity	=	Krottendorf (Ortsbezeichnung)
Tatti	=	Vater (Kosewort)
tegaln	=	Kleinarbeit verrichten
Tetschn	=	Ohrfeige

Tiagaschwoaz	=	Mais
Tirggn (-woaz)	=	Mais
Tirggntommal	=	Süßspeise aus Polenta
Tirknmöhl, Tirggnmöhl	=	Polenta
Tittlkraxn	=	Büstenhalter
tolo	=	bergab (Tal abwärts)
Tommal, Tommerl	=	langsam handelnder Mensch, aber auch: süßer Auflauf
Torgatta	=	Zaundurchlass
tramhapert	=	unausgeschlafen
trantschln	=	Geld (unnütz) ausgeben
tratzn	=	reizen, jemanden ärgern

Treaplitzer	=	das letzte Achterl oder Viertel Wein vor dem Nachhauseweg
Trerpn	=	blödes Weib
Triam	=	Trieben (Ortsbezeichnung)
Troa, Troad	=	Getreide
Troakostn, Troadkostn	=	Getreidekammer, Scheune für Getreideaufbewahrung
truawarie	=	trübes Wetter

a diegana Taommerl

ein nicht aufgegangener,
ein sitzen gebliebener Kuchen

Erika Fuchs, Graz

Truchn = Sarg, Truhe

Tschako = Hut, Kopfbedeckung

Tschani = Nachttopf

Tschantsch-weach = Zeug, Krimskrams

Die Truth hot si auf ihn g'legt.

Er hat einen Herzinfarkt erlitten.

Franz Reithofer, Mortantsch

tschari gehn = kaputt werden

tschebbern = rasseln, poltern,
aber auch: vor Kälte zittern

Tschesn = Motorrad

tschinkert = zerrupft

tschittn = Heu wenden

Tschoch = anstrengende Arbeit

Tschopinserl = Vogerlsalat, Rapunzelsalat

So a fests Tschopal!

So ein unbeholfener Mensch!

Maria Prisching, Mürzzuschlag

Tschreabn, Tschrerpen = (alter) Kochtopf, aber auch: Tratschweib

tummln = sich beeilen

tull = viel, viele

Tuscher = Knall, aber auch: Depp (Schimpfwort)

Tutlkraxn = Büstenhalter

Beeil dich!

Friedrich Zenz, Judendorf-Straßengel

U wie Umanoundagera

uantli	=	ordentlich
übanachti	=	unausgeschlafen
übas Kreiz sei	=	zerstritten sein
überhabs	=	überschlagsmäßig

Uhrturmdodln	=	(wenig charmante) Bezeichnung der Murtaler für die Grazer
uma	=	herüber
umaglekisch	=	Gusto haben
umanounda	=	umher
Umanounda-gera/-geha	=	Hausierer, Straßenhändler
umasist	=	umsonst
Umgaung	=	Prozession
Umidraha, Umidrahra	=	Tanz
umigruanzn	=	ausrasten, chillen
umisatzn, ummisatzn	=	hinüberlaufen

umkemman = ums Leben kommen

ummalanzln = Zeit vertreiben bzw. faulenzen

ummirennan = hinüberlaufen

ums Nei = Zeit um den zunehmenden Mond und um den Neumond

ums Oaschleckn = knapp

ums Olt = Zeit um den abnehmenden Mond

ung'schaut kafn = etwas kaufen, ohne es vorher gesehen zu haben

Unterbuxn = Unterhose

Untergatti = Unterhose

urassn = verschwenden

Urbatz, Urpatz	=	das Kerngehäuse beim Apfel, Apfelputz
Uregerl	=	kleines, fast nicht lebensfähiges Ferkel
Url	=	Großmutter
Ursch,	=	Futtertrog für Kühe
Urviech	=	ein (menschliches) Original
üwandiwa	=	überall, an jeder Stelle, aber auch: überdreht

übar hab's obi

geradeaus hinunter

Theresia Wiltschi, Judenburg

V wie Veigal

vadaddert = erstaunt, erschrocken

vagachn = in der Eile Fehler machen

vagogln = irren, sich vertun

vahaschpln = stolpern, aber auch: sich beim Reden versprechen

vahundsn = verpfuschen

vahunzt = verschandelt

vajubln = Geld beim Fenster rausschmeißen

vakutzn = sich verschlucken und dann husten

vakrocht = zerstritten

vamoudat = morsch, verfault

vaplembern = Zeit vergeuden

nix variwülhafti

nicht nachtragend sein, nicht übel nehmen

Emma Posch, Feldbach

variblhafti, variwülhafti = nachtragend

vascheppan = billig verkaufen

vatranschln = Geld für unnütze Dinge ausgeben

vaunäglt = verunstaltet

vawordacklt = krumm, schief, aus der Norm

Veigal = Veilchen

Vagiss die Oa und 'n Krei net.

Vergiss die Eier und den Kren nicht.

Viabindschierzn = Schürze zum Schutz gegen Schmutz, wird über dem Rock (Kittl) getragen

vorinter = kopfüber, hinuntergebeugt

**Da Vota hot g'sogt,
i sul as Hei owi trogn -
i hob's folsch vastoundn,
hob's Keiwl daschlogn.**

Vater befahl mir eine Umlagerung des Heus ein Stockwerk tiefer. Ich habe jedoch aufgrund eines akustischen Missverständnisses das Kalb erschlagen.

W

wie

Windbrunsa

wachln	=	wehen lassen, winken
wampert	=	übergewichtig, dickbauchig
Wangerl	=	Backe, Wange
Wappastädn	=	Wettmannstätten (Ortsbezeichnung)
waschln	=	stark regnen

waschlnoss	=	völlig durchnässt
Waserl	=	ängstlicher Mensch
watschnoafoch	=	ganz einfach
wax	=	rau
waxln	=	mit Wachs einreiben (z. B. Ski)
wegazn	=	herumwetzen
Weiat	=	Weingarten
Weidling	=	große Schüssel (etwa zum Salatabmachen)
Weigascht, Weigat	=	Weingarten
Weimbal, Weimperl	=	Rosine

weitschichti vawound	=	entfernt verwandt
Weiwara	=	Schürzenjäger
wenk	=	wenig
Wepsn	=	Wespe
Werdagwaund	=	Alltagskleidung (also nicht die Sonntagskleidung)
wiastn	=	verschwenden
Wiglwogl	=	Unentschlossenheit, Unsicherheit
Windbrunsa	=	ein kompliziert, umständlich denkender Mensch
Wirexen, Wirixn	=	Wespen
Wisch	=	wertloses Schriftstück

Wischpl = zu dünn angerührter Mörtel

Wischperl = (Triller-)pfeife

Woasnegg = Waisenegg (Ortsbezeichnung)

Woaz = Mais, Kukuruz

Woaz oheitn = Mais schälen

Woazstriezl = Maiskolben

Wos lafst'n umadum wie da Schas in da Aumreida?

Warum läufst du herum wie ein Pups in dem großen Sieb, mit dem man Spreu vom Weizen trennt?

Irmi Peier

woggln	=	wackeln
wölch	=	nicht mehr frisch, welk
wölfli	=	wohlfeil, günstig
Wölli	=	unhöflicher Mensch
Woscha	=	heftiger Regenguss
woumpert	=	dick sein
Wounznpress	=	Ziehharmonika
Wouschpa	=	Wolfsberg im Schwarzautal (Ortsbezeichnung)
Wudara	=	Widehopf

Sie is no im Wiglwogl.

Sie ist noch unentschlossen.

Wünschdorf = Großwilfersdorf (Ortsbezeichnung)

wurlat wern = unruhig werden

wurlert = aufgewühlt

Wusala, Wuserl = kleine Küken

Wuscha = Augenblick

„Wou fohr man hi?“ „Noch Graz um am Maßl Ki.“

„Wo fahren wir hin?“
„Nach Graz um ein Maß Kümmel.“

Irmi Peier

X wie Xelchtes

Xandl	=	Alexander
Xeis	=	Gesäuse (Durchbruchstal der Enns im nordöstlichen Teil der Ennstaler Alpen)
Xelchtes	=	Selchfleisch
Xölchsuppn, Sölchsuppn	=	Suppe, in der das Selchfleisch gekocht wurde

Weise Sprüch':

Das Moustjoglpfiatgout: „Kim guat hoam und scheiß niagandst zuwi!“

Abschied von einem, der zu viel Most trank:
„Mögest du auf dem Heimweg
nicht von Durchfall überrascht werden!“

August Riegler, Kindberg

A loungsaume Sau kummt söltn zu an hoaßn Trog.

Steirische Version von:
Nur der frühe Vogel fängt den Wurm.

Reinhard Auer, Graz

Z

wie

Zecka

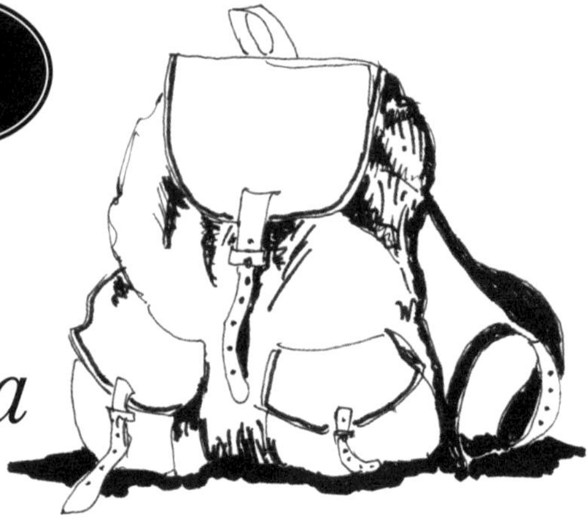

z'naxt	=	unlängst, zunächst
za wos?	=	wozu?
zabresln	=	zerreiben, zerbröseln
Zag	=	Gespann für Ochsen und Kühe
zahnluckat	=	fehlende Zähne, Lücken im Gebiss

zakrocht	=	zerstritten
zalempat	=	verfallen, unbrauchbar geworden
zani	=	feuchtkalt
zapfn	=	mündlich prüfen
Zarterl	=	zartes Kind
zaudirr, zaundirr	=	sehr dünn
zaunan	=	weinen
Zaungatta	=	Tor, Durchgang
Zaunsoacha	=	geiziger Mensch
Zechn	=	Zehen
Zechnkas	=	Schweißfüße

Zecka, Zeaga = (kleiner) Rucksack

zeggern = zorniger Widerwillen bei Kindern

Zepfn = Zapfen der Nadelbäume

Ziachzamm = Steirische Harmonika

Ziechn = Harmonika

Ziegnleitn = Läuten der Totenglocke

Zieserl = Narzisse

zigeinern = herumziehen

zigi = feucht

Zipf = Zipfel, aber auch: Prüfung („Nachzipf")

Zirberl = Zirbenschnaps

Zistl = aus gespaltenen Haselruten geflochtener länglicher Korb

zizerlweis = kleinweise, nach und nach

z'lempat = verfallen

znali = neulich

Zniachtal = kleiner zarter Mensch

Zoggl = Holzpantoffel

zoudat = unfrisiert, ärmlich gekleidet, aber auch: verärgert

Nix aus die Zoadn bringan.

Keine Leistung bringen,
Arbeitspensum nicht erfüllen.

Elisabeth Fuchs, Judenburg

zsaum-gschuastert	=	aus nicht originalen Teilen zusammengefügt
zsommstauchn	=	tadeln, rügen
z'spot	=	zu spät
Zuagroasta	=	Zugezogener, Einwanderer
zuakehrn	=	bei einem Wirt einkehren
Zuawiziacher, Zuwizara	=	Fernglas
Zutz, Zutzerl	=	Schnuller fürs Baby
zuwaschmirn	=	liebkosen, anschmiegen
zuwi gehn	=	hingehen

Zotten gühn

Kleider flicken oder reparieren

Rupert Stoppacher, Puch/Weiz

Zuz	=	Schnuller
zuzeln	=	saugen
zwida	=	grantig
Zwiderwurzn	=	grantiger, mürrischer, unfreundlicher Mensch
zwiefln	=	schikanieren
zwoagschneidat	=	scheinheilig, falsch
Zwuschl	=	Steinschleuder
Zwutschgerl	=	kleines Kind

Zwecks mej?

Warum denn?

Roswitha Hilczer, Voitsberg

Do follt ma no wos ein:

Ihre Wortspende!

Sind Ihnen noch weitere Mundart- und Dialektwörter aus der Steiermark eingefallen? Ist Ihnen eine alte Redensart geläufig, die nicht im Buch vorgekommen ist? Dann freuen wir uns, wenn Sie Ihre Entdeckung mit allen Steirern teilen möchten.
Schicken Sie Ihre Wortspende bitte per E-Mail an mundart@kleinezeitung.at
oder per Post an die: Kleine Zeitung, Kennwort: Mundart, Schönaugasse 64, 8010 Graz

Nachwort

„Ist unser Steirisch noch zu retten?“ Die Leser der Kleinen Zeitung haben eine beeindruckende Antwort auf diese Frage gegeben. Tausende Wortspender aus nah und fern haben sich nämlich an alte, uralte und oft steinalte Dialektwörter und Redewendungen erinnert, haben sie niedergeschrieben und somit der Zeitungskolumne „Steirisch g'redt“ zu großer Blüte verholfen. Der besondere Dank gilt deshalb allen emsigen Einsendern – ohne ihr Engagement hätte diese Mundartsammlung so nicht entstehen können. Dank gilt auch jenen unzähligen Experten und Einflüsterern, die immer wieder und ganz nebenbei neue Wortschätze eingebracht haben.

Auch folgenden Personen gilt ein herzlich-steirisches „Dounkschean“:
Alf für den gewitzten Strich in diesem Buch, *Andrea* für das gevifte Layout, *Anneliese* für das wachsame Lektorinnen-Auge, *Dagmar* für die Erstnominierung des Wortes „Leck Fett'n“, *Herta* und *Walter* für die Unterstützung, *Isabella* fürs da sein, *Jakob*, dem Kleinen, fürs dazu gekommen sein, *Robert*, Mr. Kramasuri, für den seinerzeitigen Startschuss, *Tino* für die Realisierung.

Robert Engele, Christian Penz

KRAMASURI

Das noch umfassendere Handbuch des Steirerwissens

(aktualisiert und erweitert, erschienen: Oktober 2012)

184 Seiten, illustriert, 11,5 x 18,5 cm, ISBN 978-3-902819-12-3

Edition Kleine Zeitung

Preis: EUR 12,90 – überall im Buchhandel erhältlich

und auf www.kleinezeitung.at/shop

Noch umfangreicher, noch informativer: Die aktualisierte und um jede Menge Fakten erweiterte Neuauflage von „Kramasuri" bietet Wissenswertes, Unglaubliches und Humorvolles aus der Grünen Mark.

China hat die Mao-Bibel, Indien das Kamasutra. Und die Steiermark? Die hat das „Kramasuri"! Der weiß-grüne Buchklassiker – zuletzt vergriffen – ist wieder erhältlich. Natürlich komplett überarbeitet, auf den aktuellen Stand gebracht und um jede Menge wissenswerte Geschehnisse und unglaubliche Geschichten aus der Heimat erweitert. Das perfekte Nachschlagewerk und Geschenk für alle Liebhaber des Steirerlandes, die mehr über die Grüne Mark wissen wollen.